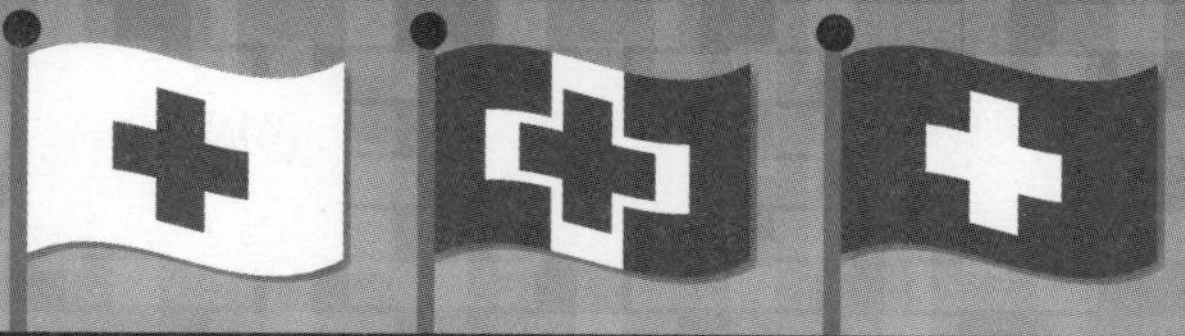

心にひびく安全心得

失敗から学ぶ安全 2

なぜ失敗するのか？

山岡 和寿 著

JN125258

中央労働災害防止協会

まえがき

この度は、「心にひびく安全心得 失敗から学ぶ安全」（令和二年十月二十一日発行）に引き続き、同書のパート2を手にしていただき、また、貴重な時間をいただけることに改めて感謝申し上げます。

相変わらずオンラインでの情報収集の場は持てるものの、新型コロナウイルスの影響で減少した講演会は、なかなか元のようには戻りません。そこで、パート2として講演させていただいた内容（八ページのレジュメ参照）を活字にしました。

関係法令でもその実施が求められているように、私達が就職すると雇入れ時の教育が講義や実地研修などの手法で実施されます。人材を育てることは大切で、教材としては中央労働災害防止協会（中災防）発行の『**新入者安全衛生テキスト**』や〝**社内教材**〟などが使用され、講義で労働災害防止、要望書の書き方、書類の作成方法など必要な知識を学びます。活字で学んだことを実地研修で体験することとの重要性が、〝はじめに〟に隠されているようです。〝良い物又は良いサービスを、安く、早く〟お客様に届けることで社会貢献（お客様に喜んでいただき）し、収入を得るためには、労災ゼロ、つまり、働く人が健康であることが絶対条件です。

仕事は必ず人間が介在します。人間は素晴らしい動物で素晴らしい能力を有しており、中でも「何かをやりながら、何かができる」能力はその一つと考えます。ところが、失敗した時に「そんなこと聞いていない…」とか「あとでやっておこうと思ったのに…」との話しを聞くことがあります。この様な失敗をしないためのポイントをご紹介いたします。

また、多くの事業場で、労働災害の再発防止活動やヒヤリハット活動が実施されており、我々もそのような活動をお手伝いさせていただくことがあります。誰でも仕事や日常生活の中で一つや二つの失敗はあり、その失敗がケガに結びついたり、ヒヤリハットで済んだりしています。今回は、①どうしよう、②やっと終わった、③あそこまでやったら、④俺のプライドが…、⑤ドライブ中の三つの約束事、⑥カチンときたら、⑦嬉しかったので、⑧ゴーグルを着用していれば…、の八つの切り口で失敗の理由と再発防止について考えてみたいと思います。

講演会などで災害事例を求められることが多々あり、これらの事例を再発防止活動の材料にして安全確保を行うことは大切です。今後もこれらの継続をお願いいたします。その際、日々の経験も安全確保の材料の一つに加えていただければ幸いです。

詳細は本文をご覧下さい。　「ご安全に！」

二〇二二年一月

山岡和寿

目次

プロローグ　講演会スタート

演者が、

「ご安全に！」

それを受けて出席者が、

「ご安全に！」

演者が、

「安全は人類の永遠の願いです」

今年も恒例の安全週間初日の講演会がスタートしました。

本日、私がお話しさせていただきたいことは、〝失敗から学ぶ安全 2〟と題して皆様方のお手元にあるレジュメ（八ページ参照）に沿って、順にお話しさせていただきます。お付き合いの程よろしくお願いいたします。

・・・失敗から学ぶ安全 2 レジュメ・・・

なぜ失敗するのか？

中央労働災害防止協会
安全衛生エキスパート
山岡和寿

1　はじめに

(1)　洗濯しようと思って

(2)　労働災害とヒヤリハット

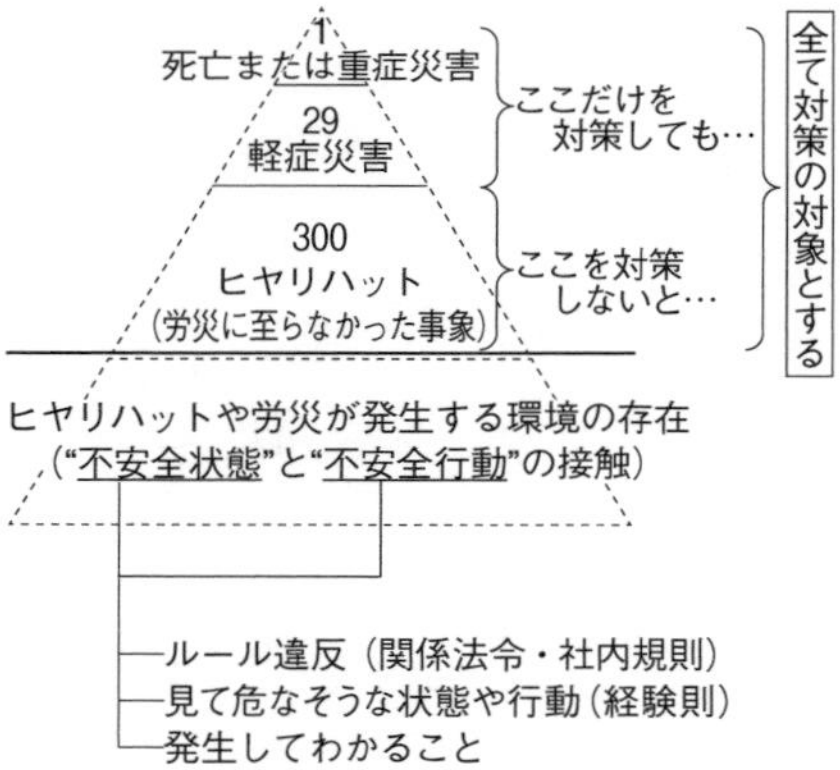

2　人間の性能と限界

(1)　コンピューターと人間

(2)　そんなこと聞いていないですよ

(3)　後で……

(4)　同時入出力

3　なぜ、失敗したの？

(1)　「どうしよう」が〝焦りの恐怖〟に…

(2)　「やっと終わった！」の次に待つ〝付帯作業の恐怖〟

(3)　「あそこまでやったら」に潜む〝あと少しの恐怖〟

(4)　「俺のプライドが…」が邪魔する〝非常停止ボタンを押す勇気〟

(5)　ドライブの3つの約束事（A・K・T運転禁止）

(6)　カチンときたら「15分待って冷静に」

(7)　嬉しかったので

(8)　ゴーグルを着用していれば…

まとめ　日々の経験は安全確保の宝物

1　はじめに

(1)　洗濯しようと思って

半年間の新人研修も最終日となったAさんは、朝から研修最後の場所である工場事務所で席を立ったり座ったり…。室長が、

「Aさん、気持ちはわかりますが、午後には納品されるので少し落ち着いて下さい」

「はい、でも楽しみで…」

遡ること二週間、室長は月曜日の朝礼で工場の全員に、

「本日から二週間の予定で、工場事務所で研修するAさんです」

「只今紹介していただきましたAです。よろしくお願いいたします」

パチパチと拍手、そして

「オイ、頑張れよ」

の掛け声もあり、何かホッとするAさんでした。

朝礼が終わり事務所で先輩が、

「最初の仕事は、工場から出される軍手の洗濯をお願いします」

「はい」

「軍手を回収するのは午後三時で、なぜ工場で軍手が必要か？　なぜ毎日洗濯する必要があるか？　工場ではどのような仕事をしているか？　などを観察すると勉強になりますよ」

そして、手洗い場の片隅に置かれている、洗濯槽と脱水槽からなる使い込まれた二槽式の洗濯機に案内され、使い方の説明を受けました。

「あとはよろしくお願いします」

「はい」

「わからないことがあったら、内線を鳴らしてください」

〝こんな洗濯機使ったことない〟と思いながらも教えてもらった通りの手順で洗濯を完了させていたのですが、五日目の午後のことでした。

すすぎが終わり洗濯槽から脱水槽に軍手を入れ、脱水スイッチをONにすると洗濯機からキュルキュルと異音が発生しました。研修初日に習った〝止めて・呼んで・待つ〟を早速実行したAさん。二〜三分するとやってきた先輩が、

「どうしたのですか？」

「キュルキュルと変な音がします」

「その旨を室長に報告してください」

「私が…ですか？」

「トラブル報告も研修の一環で、その方法は…」

と、教えてもらったAさんは早速室長に報告しました。報告を受けた室長はしばらく考え、

「新しいのを買いましょう」

「はい」

「購入手続きは先輩に聞いて直ちに進めてください」

「わかりました」

Aさんは自宅で使っているような全自動洗濯機がいいのではと考え、教えてもらった手順で申請書を完成させ、二日後に購入許可をもらうことができました。工場事務所で受ける研修最終日の午前中に納品が決まった旨の報告を受けたAさんは、嬉しくて仕方なかったそうです。そして研修最終日の納品当日、朝から落ち着きのないAさんでした。そんなAさんを見ていた室長は、

「楽しみなのはわかりますが、落ち着いていつも通りの作業をしないとケガをしますよ」

「はい、わかりました」

「工場内のルールを言ってみてください」

「工場内では安全通路を歩いて…、ヘルメットを着用し…、指差し呼称をして…」

「ではよろしくお願いします」

(2) 労働災害とヒヤリハット

早く新しい洗濯機を使ってみたいAさんは、午後三時にはいつも通り軍手の回収のため事務所を出たのですが、軍手を入れるかごを持っていない自分に気が付きました。

「あちゃ〜、落ち着け、落ち着け…」

ルール順守で軍手を回収したAさんは、速足で手洗い場に向かいました。入り口からは、遠見に真っ白な、新しい、自分が申請書を書いた全自動洗濯機が目に入りました。

「あれだ　洗濯機は♪」

駆け寄り洗濯機前で止まろうとした時でした。

〝ガシャーン〟

洗濯機前の床にあるマンホールの蓋を踏んだ右足が前方に滑り、尻餅をついてしまったのです。右足は洗濯機のボディーに当たり安全靴で付いた一本の黒い線、軍手を入れたかごは取手が取れてしまいました。

近くで洗面をしていた帰り支度中の早番勤務の作業者が、

「お前大丈夫か？　尻餅ついて…」

「大丈夫です」

「お前は研修中のAだろ」

「はい、そうです」

「そうか…。これはヒヤリハットだから帰って室長に報告しとけ」

「わかりました」

Aさんから報告を受けた室長は、

「よく、報告してくれました」

「作業者の方からヒヤリハットだから報告するよう言われました」

「我社では、ヒヤリハットは〝痛くない労働災害〟との位置づけで、再発防止活動を行っています」

「講義で習いました」

「ヒヤリハットが出ない作業や環境を作れば、労働災害が発生しないことになります」

「ハインリッヒの法則で習いました」

「それと、物損事故もヒヤリハットに含めています」

「今回の件は、かごの破損と新品の洗濯機に傷を付けたので物損事故で報告します」

「そうですね、よろしくお願いします」

仕事中に発生する〝**人身事故と心や体が病気になること**〟が労働災害で、ヒヤリハットは〝**仕事**

中の物損事故とケガをしそうになること及び心又は体が病気になりそうになること〟と考えます。ヒヤリハットが労働災害につながらないよう、ヒヤリハットには労働災害同様に再発防止活動が必要なのです。ヒヤリハットが〝**痛くない労働災害**〟だとすると、ヒヤリハットを発生させない環境を作ることが大切です。

多くの労働災害は〝**不安全な状態と不安全な行動が接触して発生（事故の発生プロセス）**〟することから、事故の発生プロセスを発見し、そのプロセスが現実になる前に対策するとヒヤリハットが撲滅でき、労働災害撲滅に繋がると考えます。労働災害防止活動の底辺を支える活動がヒヤリハット撲滅運動ではないでしょうか。

Aさんの事業場では〝ストップ転倒災害キャンペーン〟を行っているため、今回のヒヤリハット報告は、重大ヒヤリとして安全衛生室から速報ニュースとして全社に配信されました。室長は、

「全社で取り上げられていますが、Aさんは貴重な情報を提供したので、恥ずかしい、怒られる、会社に迷惑をかけるなどのことは考える必要はありません」

「でも、カッコ悪いので言わない方がよかった…のでは…」

「違いますよ。転倒災害を出さないための大切な情報です」

「わかってはいますが…」

「私たちはこれから再発防止活動をして、結果を安全衛生室に提出しましょう」

「はい、わかりました。でも今日が研修最終日なので、どうすればいいですか?」

「四時半になったらわかります」

四時半に、新人研修を受けていた数名にはそれぞれの所属長から辞令が渡され、その一人であるAさんが室長から受け取った辞令には、工場事務所が明日からの職場になる旨の記載がありました。

こうして、ヒヤリハットの再発防止活動がスタートしました。

事業場から、

「一歩間違えば死亡災害に繋がる重大ヒヤリが発生したが、どうすればいいか?」

と、お話しをいただいたことがあります。

色々とお話しをさせていただく中で、「再発防止活動」と「ヒヤリハットや労働災害が発生しない環境形成の活動（以下「予防活動」）」の整理がうまくできていなかったことがわかりました。ハインリッヒの1：29：300の法則から考えて、労働災害を減らすには再発防止活動と予防活動が大切と考えます。

先ほど触れましたように、労働災害の多くは「不安全な状態」と「不安全な行動」の接触によって発生すると言われています。これには三つのパターンがあると考えています。

パターン①

ルール違反があって「不安全な状態」と「不安全な行動」が接触した場合です。例えば、「車の運転中に携帯電話が鳴ったので（不安全な状態）、出ようと電話に手を伸ばして（不安全な行動）、センターラインをオーバー」し、ヒヤッとした。または衝突してケガをした。

ルールは私たちの先輩や仲間が命を懸けて作った約束事で、関係法令・社内規則などで、これらのルール違反があれば、早ければ次の瞬間、遅ければ十年後かもわかりませんが、労働災害やヒヤリハットが発生するのです。対応は、ルール違反の是正と是正状態の維持です。

パターン②

経験則で、見て「危なそうな状態や行動」です。例えば、自動販売機でお茶を購入しようとしているとします。

過去に「自動販売機の横に傘立てがあるので（不安全な状態）、落とした十円玉を拾おうと屈みこんで（不安全な行動）、傘立ての傘の親骨が顔に当たり」ヒヤッとした、またはケガをしたことがあったとします。そこで、「傘立てが自動販売機横にある時は、傘立てを自動販売機反対側の壁に移動して、傘はそれぞれネームバンドでまとめて奥から順に入れる」ことで、傘との接触事故が予防できます。そしてこれが新たなルールの誕生にも繋がるのです。

パターン③

　このパターンが最もやっかいで、「気が付かない」、つまり、発生してからでないと分からないパターンです。

　そこで、ＫＹ（危険予知）、ＲＡ（リスクアセスメント）、災害事例に学ぶ、などで「気が付かなかった」ということをなくす活動が必要になります。

　以上まとめますと、パターン①はルール順守とその維持、パターン②は情報共有と失敗事例に学ぶ、パターン③は発生すると考えられる労働災害を予測し、予測したことが発生しないように対策をとる活動で、このことが労働災害の減少につながると考えます。

2　人間の性能と限界

私達人間は素晴らしい動物で、素晴らしい能力を有しています。人間はそれまでできなかったことを、道具を作り活用することで可能とし、より文化的な生活を営んでいます。中でもコンピューターは素晴らしい道具の一つです。ディスプレイに文字を表示しながらその内容通り加工し、加工したものに不良があればそれを選別するなど同時に多くのことを処理しています。しかし、人間はどうかというと…。

(1)　コンピューターと人間

今から二十年ほど前、うちの娘がある国家試験にチャレンジしている時でした。日曜日の夕方、妻に夕食の準備ができたから娘を呼ぶよう頼まれた私が、二階の娘の部屋の入り口で、食事ができたことを伝えても〝知らん顔〟をしているのです。娘の横に行き、肩をたたいて、

「食事にしよう」

「うん、わかった」

肩をたたかれて初めて気付く我が子…。しかし、娘の部屋にあるテレビはONでサンフレッチェ広島の試合、ラジオもONで広島東洋カープの試合、そんな環境で問題集と格闘しているのです。階段を下りながら私は、

「サンフレッチェどうなっている?」

「知らない」

「カープは？」

「知らない」

テレビもラジオもONなのですが、試合内容は把握していません。ただし、問題集の内容は私も少し知識があったので、その内容を質問すると私の知らないことまで偉そうに答える…。ラジオ、テレビの情報は記憶回路に入力されていないので質問には答えられず、問題集の情報のみが入力されておりアウトプットが可能なのです。

人間はコンピューターと違って、一度に一つのことしかできないのです。

(2)　そんなこと聞いていないですよ

毎日使っている営業車の更新時期がやってきたBさんの職場では、配置される車種の話で盛り上がっていました。車好きのBさんは、

「今度の車は背が高いワンボックスタイプになると聞いていますので、横風や冬場のことを考えると四輪駆動車を希望します」

と、課長に伝えていました。リース満了日の一週間前に課長が、

「Bさんの希望通り四輪駆動車が一週間後に納車されます」

「本当ですか、ありがとうございます♪」

「それと、Bさんが取扱責任者で、Cさんが副責任者に決定しました」

一週間後の金曜日にピカピカの新車が納車されました。その時、課長、Bさん、Cさんの三人は営業担当から簡単な取扱い説明を受けましたが、BさんとCさんは来週からの業務に困らないように発煙筒の位置は…、カーゴスペースの使い方は…、など取扱説明書を読み始めたところに、再びやってきた課長が、

「Bさん、Bさん」

「はい何でしょう」

取扱説明書から目を離し振り返ったBさんに課長は、

「急で悪いけど、明日の土曜日、一人体調を崩したので替わりに出勤してよ」

「えっ…、明日は特に予定もないから…大丈夫ですが…」

「良かった。詳細は後で予定表を持ってくるから…」

「わかりました」

今日中には給油を兼ねて試乗してみたい二人は、再度取扱説明書を読み始めた時でした。帰りかけた課長が振り向いて、

「あっ、そうそう、今度の車は車高が高いから、元の場所に入れると高さがギリギリなので、隣の車庫に入れてください」

そう言い残して席に帰っていきました。

その後、試乗に出かけた二人は、往路がCさん、復路はBさんがハンドルを持ち、三十分後に車庫に帰りました。バックで車庫に入れようと車庫前で大きくハンドルを左に回し、バック

ギアに入れるとモニターに車庫入り口が映りました。慌てたのはCさん、

「ストップ！　ストップ！　車の屋根が車庫の天井に当たります」

「えっ、じゃあ、隣に入れよう。課長にその旨伝えておくから…」

「違う、違います」

「何が？」

「私達が取説を読んでいる時、帰り間際に課長は〝隣に駐車するように〟と言っていましたよ」

「そんなこと聞いてないぞ」

「私は聞きましたよ」

給油を兼ねた試乗が最優先課題としていたところに、私生活を犠牲にする〝休みの土曜出勤〟の情報が入ってきました。そして、ついでに言われた車庫の変更の話…。ここから〝聞いた、聞かない〟の議論が始まったのですが、聞いた人がいる限り情報は提供されているのです。このように情報を提供する側からすると〝情報はブロックされる〟ことがあり、情報を受ける側からすると〝情報をブロックする〟ことがあります。

やっぱり、人間はコンピューターと違って一度に一つのことしかできないのです。では、どうすればよかったのでしょうか。BさんとCさんが取扱説明書を読み始めた約一時間前に遡ってみましょう。

再びやってきた課長は、

「忙しいところ悪いが私の方を向いてくれる?」

「はい」

「今から二つのことを言います。一つは、車庫の位置で……、二つ目は、Bさんへのお願いですが明日の出勤……」

「車庫は五番から六番に変更ですね」

「今度の車は背が高いからその方がいいと思います」

「ところで土曜出勤の予定表はいついただけますか?」


などの会話があるとよかったと考えます。

つまり、情報を授受する際は、

① お互いが目線を合わすだけでなく向き合ってください
② 提供する情報の数と内容の明示をお願いします
③ 復唱させてください、してください

これが〝**そんなこと聞いてないぞ**〟をなくする情報授受の三つのポイントなのです。

(3) 後で……

三月一日午後三時、人事異動の内示の日が今年もやってきました。

Dさんがトイレに立ったのが午後二時五十五分、すると所長も後を追うように席を立ちトイ

レに…、わざわざDさんの隣の便器にやってきた所長は、

「Dさん悪いが高松に行ってくれないか」

「出張ですか？」

「違うよ、転勤だ」

「えっ！」

トイレで転勤が決まった…ではないが、内示を受けたDさんは帰宅し家族会議の結果〝家族は犬の世話があるので〟との理由でDさんの単身赴任が決まったのです。正直Dさんは、

「やった～♪」

四月一日、ルンルンで着任し、予定通りの楽しい単身赴任生活がスタートしました。最初の四日間は……、五日目からは地獄の生活となり、家族に対して〝俺は高松で苦労している〟と思うようになりました。明日から大型連休が始まるという日の午後五時、部下にDさんは、

「家に帰るので後はお願いします」

「お気を付けて…」

「お先です」

午後六時過ぎのＪＲの快速「マリンライナー」に乗り、岡山駅で新幹線に乗り換え、午後九時過ぎに帰宅しました。

「ただいま♪」

「お帰りなさい♪、お疲れさま」

「やっと帰れたよ」

「お風呂にする？ 何か食べる？」

「高松駅でうどん食べたから先に風呂に入るよ、その後ビールを飲もうかな」

「冷えているよ」

「ありがとう、先に入ってくるね」

風呂に入ろうとすると、テレビでカープの試合が流れていました。アナウンサーが、

「スリーボール、ツーストライク、九回の裏、ホームランが出ればカープの逆転、最後の球になるでしょうか？」

Dさんはテレビ前で足を止め、見入っていると奥さんが、

「そこの石鹸、お風呂に持って入って。石鹸ないから…」

「わかった、後で…持って入るから…」

次の瞬間、テレビから、

「ピッチャー大きく振り被りました、独特のフォーム、最後の球になるでしょうか、投げました、鋭いスイング……空振り三振……今日もカープは勝てませんでした……」

「今年のカープはだめかな～ぁ」

風呂に入ると石鹸がないことに気付いたDさんは、

「お～い、石鹸がないぞ、いつも家にいるんだろ、石鹸ぐらい切らすなよ」

と、言わなくてもいい一言を付け足してしまったのです。それを聞いた奥さんは、

「だからさっき、お願いしたでしょ」

出されたビールは冷たかったが、苦かったそうです。やはり、人間はコンピューターと違って一度に一つのことしかできないのです。

Dさんの失敗は石鹸で済んだのですが、こんなことが職場で起こると、指示が未実施となり、最悪の場合は事故の原因になってしまいます。このようなことを避けるには、ポイントは二つ、

① 先程と同じようにお互いが目線を合わすだけでなく向き合うこと

② もう一つは、相手が一段落するのを待って声を掛けること

です。そうするとお互いが向き合った情報交換が可能となります。私たちは〝**後でやっておこう**〟と思うと、Bさんのように情報はインプットされただけで、アウトプットされないことがあります。いわゆる〝短期記憶〟によるもので、これは短ければ十数秒しか記憶が保持できないと言われています。

赴任先に帰る電車の中でDさんは、

「久しぶりに我が家に帰ったのだから向き合って話を聞き、カープの試合はスポーツニュースでよかったよな～ぁ」

Dさんを送り出した奥さんは、

「あの時三十秒待って声を掛ければ…、それと石鹸を手渡しすれば…」

と、悔やむのでした。

(4) 同時入出力

延べ床面積三百坪の三階建て本社ビル、外壁が長年の風雨で色あせ、社長さんは塗り替えを知り合いの工務店に依頼しました。足場やシートが設置され、外壁のクリーニングなど塗装準備が完了し、やって来られたのは経験年数十五年のベテランのEさん。見ているとベースになる色の塗料に、色合わせを行うため別の色の塗料を入れ、攪拌機を使った調合作業を開始した直後でした。そこに工務店の社長さんが、

「Eさん、お疲れ様、順調ですか?」

手を止めることなく、Eさんの顔は社長さんの方を向き、

「はい、天候もよく、問題なく進んでいます」

「今日はここ何時までですか?」

「十六時には終わって帰社し、明日の準備です」

「悪いけど、帰社途中、隣町の○○に打ち合わせに行ってください」

Eさんは、調合作業の手を止めることなく、

「承知しました」

調合作業も完璧なら打ち合わせも完璧、ベテランのEさんは同時に二つのことを処理できるのです。

アウトプットするために必要な情報をインプットする〝入力〟と、過去にインプットされた情報をもとにアウトプットする〝出力〟は同時進行、つまり同時入出力ができないわけではな

いのですが、こんなことをやっていると、百回はうまくいってもいつか失敗する〝百一回目の恐怖〟が待っています。人間はコンピューターと違って一度に一つのことしかできないと肝に銘じましょう。Ｅさんは〝百一回目の恐怖〟を避けるため、所定の攪拌時間を終えたら直ちに手を停め、ポケットから取り出した手帳に打ち合わせ内容をメモし、入力内容を復唱したのです。

ポイントは二つ、

①　入力と出力は別々が理想

②　同時入出力になったときは、進行中の業務が一段落した時復唱する

ことが必要と考えます。

3　なぜ、失敗したの？

(1)　「どうしよう」が〝焦りの恐怖〟に…

雲一つない秋晴れの下、一人の部下のFさんと帰路についたGさんは、

「このまま会社に帰る？　勿体なくないか？　温泉によって帰ろうよ」

「本気ですか？」

「冗談に決まっているだろ」

「真面目に運転しないと事故しますよ」

「わかってるよ」

「でも、今日の高速は順調ですね」

「このまま行けば、予定通り帰社できるぞ」

そう言った直後、快調なエンジン音が突如変化し、ガソリンの爆発音が聞こえなくなり、エンジンブレーキがかかり、エンジンが眠りについたのです。ハンドルを持っていたGさんは、

「あれ？　加速しない！　故障した！」

五十メートル先に非常駐車帯があったのはラッキーでした。直ちにクラッチを切り、左方向指示器を出し、惰性で非常駐車帯まで車を走らせ、止めることができました。そしてハザードランプをＯＮ、心配そうにFさんは、

「どこが壊れたのですか？」

「エンジンじゃないか」

遡ること八時間前の会社の駐車場で
「往路の運転はFさん、復路は俺がするから」

運転席に乗り込んだFさんは、

「ブレーキ踏みます」

「ストップランプ点灯、ヨシ！」

「方向指示器出します」

「方向指示器点滅、ヨシ！」

………

などと出発準備を整えた二人。

最後に車内でFさんは、

「Gさん、燃料残が三分の一ですが大丈夫ですよね」

「往復百キロだから大丈夫だよ」


そして当日、予定していた業務は完了したのですが、お客様から、

「未舗装の工事用道路しかないのですが山頂の工事現場も見てほしいのですが…。急な追加で申し訳ありません」

「わかりました」

「昨日の雨でぬかるんでいる個所がありますが…」

「この車は四輪駆動なので大丈夫です」

追加業務も無事終了し帰路についた二人は、今、非常駐車帯でトラブルに見舞われているのです。原因は、四駆切替えレバーをローギアにセットし、セカンドギアを多用したこの山頂へのドライブで燃料を消費したことでした。

車を止めた二人は、助手席側（進行方向左側）のドアから車外に出ながら、

「わかった、ガス欠だ！」

ここまでは落ち着いていたのですが…。


〝これから何をすればいいのか？どうすればいいのか？〟がわからず車外に出たGさんは、

「どうしよう！」

不安で仕方ありませんでした。それに追い打ちをかけたのが、すぐ横を洪水のごとく次から次へとやってくる車、時速百キロで走る車が発するロードノイズと風圧からくる恐怖感、不安感が助長されるのです。

「怖い！　何とかしなければ…」

その先に見える非常電話を指差してGさんは
「す、す、すまないが、あの非常電話で連絡してきて…」

「はい、わかりました」

Fさんが電話に向かうと、その場に一人になったGさんは心細く、不安もピークに達しました。そんな中、左側リアのスライドドアを開け、セカンドシート下に置いてある三角停止板を取り出したGさんは、

「使ったことがないけど、うまく組み立てられるだろうか」

と、また不安になりましたが、でも組み立てなければなりません。そう思うと**緊張**し、体がこわばり、手が震えるのが分かりました。反射板を三角形にするのはすぐできたのですが、倒れないようにスタンドを出すことができないのです。

「やばい、うまくできない」

そんな状態の中、

「確かここを回転すれば…」

次第に**焦り**始めたGさんは、

「落ち着け、落ち着け」

と、自分に言ってはみたものの、焦れば焦るほどうまくいかず、**パニック**です。

そこに戻ってきたFさん、

「どうしたのですか？」

額に汗を浮かべたGさんが、

「…スタンドが回転しない…」

「私がやりましょう」

いとも簡単に組み立て、

「上流側（車後方）に八十歩歩いた地点に置いてきます」

「ありがとう」

帰ってきたFさんは、

「ハンドルは左に回しておいてください。それとガードレールの外に出ましょう」

「これからどうなるの?」

「ガソリン二十リットルを持ってきてもらえます」

「お金は?」

「領収証をお願いしました」

やっと安心したGさん、暫くすると二十リットルのガソリンが届き無事帰社することができました。帰りの車の中で、

「Fさん、三角停止板を置くとき確か、〝八十歩〟と言ったよね。何で?」

「車の五十メートル以上後方に置くのが望ましい…、と習いました」

「何で八十歩なの?」

「歩幅が七十センチとして、八十歩歩けば五十メートル以上車後方になるので…」

「なるほど…、いい勉強になったよ」

ハザードランプを点滅させ非常駐車帯に車を停めていると、

「事故になる？　ガソリン給油は？　これからどうなるのだろう…」

などと考えているだけでは**不安**が増すばかりで、何の解決にもなりません。そこでこれらの不安を解消するための行動で**緊張**を強いられたのです。緊張状態でうまくいかなければ**焦り**、焦れば焦るほどうまくいかず、パニックになったのです。援助（Ｆさんの応援）がなければ解決できなかったかもしれません。私はこれを〝**焦りの恐怖**〟と呼んでいます。種々のパターンはあると思うのですが、今回は〝不安→緊張→焦り→パニック〟を援助で解決しました。

　Ｆさんはなぜパニックにならなかったのでしょうか？　実は過去に父親が運転する車で同様の経

験（その時はパンク）をし、多くのことをお父さんから教わり、事故に遭ったら…、ガス欠になったら…、非常電話設置間隔は…、などと情報収集やシュミレーションし、三角停止板の組立てなどに興味を持ち、何度か練習していました。知識をいきなり実践で活用することは難しいと考えます。パニックにならないためにも**教育**で知識を付け、知識が形にできるよう**訓練**を受け、受けた訓練が実践で活用できるように**練習**することで、**安全作業**ができるのではないかと考えます。

その後、車に乗る時、二人は、

「ガソリン残量○○　ヨシ！」

などと、今も指差し呼称を行っています。

(2)「やっと終わった！」の次に待つ〝付帯作業の恐怖〟

孫の一人が、

「じいちゃん、松ぼっくり植えたら芽が出たよ♪」

と電話してきたのが五年前。早いもので松の背丈は一メートルを超えるまで成長しました。ところが、今度は、

「松の木がね、邪魔になるので切り倒すんだって」

と、電話口で悲しそうな声。

「そうなの。おじいちゃんの家の松の木が、松くい虫で枯れたので、その松をもらって植えようかね」

「良かった♪」

軽トラックで取りに行き、枯れた百年越えの松があった場所に移植しました。枝ぶりを見ていると…、あれは確か、四十八年前の冬休みで帰省した初日だった…。

頼んでもいないのに親父が、

「松の木の剪定《せんてい》を教えてやる」

〝小さな親切、大きなお節介〟だと思いながらも、半分興味もあったので付いて行きました。

詳細は覚えていませんが、ロープが付いたベルトの様な物（墜落制止用器具の役目？）を腰に巻き、残されていた小振りな三本の枝を処理した私は、

「よし、終わった、結構面白いじゃないか」

そう言いながら下り始めたときに、下から親父が、

「本当か？　最初の枝、それで大丈夫か？」

「うん、大丈夫だよ」

「よしぁ、足が地べたに着くまで、枝をシッカリ掴んでゆっくり下りろ」

「わかった」

落とした枝や葉の処理など後片付けをしながら、親父は、

「松の剪定は年二回で…、春行うのは新しく出る不要な葉を取り除き…、この時期に行うのは古い葉を取り除く…、だからはさみは使えない…」

詳細は覚えていませんが、親父のうんちくを聞かされました。そして我が家での久し振りの夕食、一杯機嫌の親父が、

「お前が木を下り始めた時、『最初の枝は大丈夫か』と言って、お前を止めたのを覚えているか？」

「うん」

「どうしてだと思う？」

「枝の確認のためだろ」

「それもあるが、〝やっと終わった！〟と思うと安心感が出るので、次の行動でミスが出る」

「どういうこと？」

「つまり、次の行動である〝木を下りる〟のミスは、木から落ちることになる」

「なるほど」

「だから、お前が木から落ちないため、次の行動の注意事項を与えた…」

今となっては親父に確認する術はないのですが、私は、剪定が仕事だと思っていました。剪定作業の前後に付帯作業として、準備し、木に登り、そして剪定、その後は、木を下り、片付け作業、いずれもケガをしないようにしなければなりません。特に、剪定作業と言っているが

故に、剪定作業終了時は〝安心〟します。そこに魔の手が伸びてくるので、片付けが終わるまでが作業であることを伝えたかったのでは…、と考えます。安心していいのは、剪定が終わったときではなく、片付けなどの全ての付帯作業が終わったときなのです。私はこれを〝**付帯作業の恐怖**〟と呼んでいます。

(3)「あそこまでやったら」に潜む〝あと少しの恐怖〟

そんな親父が、

「血尿が出た！」

と言って総合病院を受診したのが平成九年四月、その後十年以上入退院を繰り返しながら、再発する膀胱癌と格闘しましたが、肝臓、肺に転移し、その後は親父の人生にピリオドが打たれるのに時間は必要としませんでした。

遡ること一ヶ月、七月中旬、親父が、

「家に帰りたい…」

ドクターに相談すると、

「今は調子がいいので一泊なら…」

と、外泊許可をいただきました。

その年の私は、日曜祝日が多忙で、農作業が思うように進んでいませんでした。そんな中、親父の帰宅…、田んぼのあぜ道が雑草で覆われ、農薬散布もままならならない状況、さらには、収穫した玉ねぎを例年は吊るして保管するのですが、倉庫の床に並べたままにしていました。こんな状況を口にはしませんでしたが、気にかけている親父の姿が目に入るのです。〝最後の帰宅…、親父を安心させたい…〟そんな思いがあったのを覚えています。

早速、雑草の刈取り準備にとりかかりました。刈払機の使用前点検を完了後に水分補給をし、帽子・フェイスガード、ゴーグル・耳栓・エプロン・長靴などの保護具を装着し、上から、

「帽子着用ヨシ！　耳栓着用ヨシ！　ゴーグル着用ヨシ！…、燃料満タンヨシ！…、これで休憩を取りながら一時間は作業の継続ができる」

そんな私を縁側に敷かれた布団の上で心配そうに見ている親父が手招きし、

「暑いから熱中症になるなよ、気を付けろ…」

「大丈夫だよ、俺はいつも熱中症予防の講義をしている講師だよ、水分補給もしたし…」

「暑くなって休むのではなく、まだ、大丈夫だと思っても十分間に一回は休んで体を冷やせ」

「うん」

「仕事中の休憩は、疲れたから休むのではなく、最後まで安全に仕事が出来るよう、疲れないようにするためにあるのだ」

「知っているよ」

そのとき縁側から見えたリビングの柱時計は、午後一時半でした。

いつも通りに快調なエンジン音を響かせている刈払機を背負い、伸びた雑草で覆われたあぜ

道に出ました。背丈の伸びた雑草の刈取りは予想以上に私の体力を奪い、

「まだ、大丈夫だけど、ここで休もう」

時計を見ると一時四十五分、農舎に設置しているクーラーで体を冷やし、水分補給後、二時に作業を再開しました。休憩を取りながら順調に作業は進み、残すところ十メートル、

「そろそろ休まなくては…、そろそろ給油も…、雑草を気にしている親父を早く安心させたいし…、あそこまでやったら終わるから」

作業の継続を決めたのです。二〜三メートル進んだところで、今思えばそれが最初の異変でした。私は、

「あれっ、どうしたんだろう？
① 暑さを感じなくなった。
② 長靴を履いている足が熱かったのに…、まるで真冬にコタツに入っているように気持ちがいい。
③ 本当に発汗が止まったかは不明だが、汗が出なくなったと感じた。
俺って暑さに対して抵抗力がついたのだ」

その時でした、刈払機のエンジンが止まったのは…。ガソリンを使い切ったのでした。このガス欠がなければ、最悪、雑草で覆われたあぜ道で死んでいたかもしれません。しかし、私は、

「あと少しなのに…、暑くなくなったのに…、早くビールを飲みたいのに…、早く親父を安心させたいのに…」

仕方ないので給油のため雑草を刈り終わったあぜ道を農舎に急いでいるとき第二の異変が、

「あれっ、やっぱり何か変だ、

① 歩くときに体の上下動がいつもより大きい。

② 目がかすみ、景色が歪んで見える。

③ めまいと頭痛がする。」

やっとの思いで農舎にたどり着き、作業服を脱ごうとしたとき第三の異変が、

「① 手が震えてボタンが外せない。

② 立っていることができない。

これって熱中症か？　早く冷やさなければ…」

農舎の水道は地下水をポンプで汲み上げており、冬は温かく、夏は冷たいのです。気が付くとこの地下水を頭に直接かけていました。次に下着一枚で、クーラーを〝強〟にして、農舎床のコンクリートの上に大の字になっていると、異変に気付いた妻が、スポーツドリンク、塩、氷水、数枚

のタオルを持ってきて、私に塩をなめさせ、スポーツドリンクを飲ませ、冷水に浸したタオルで首・わきの下・股を冷やし始めました。冷たくて気持ち良かったのですが、暫くすると寒くなったので冷やすのを止めました。頭痛は残りましたがやっと正気になり、病院に直行し、事なきを得ました。〝あそこまでやったら〟と思った時に、〝**あと少しの恐怖**〟が待っているのです。

人前で偉そうに〝熱中症予防は…〟と講義をしている私が熱中症になるなんて情けない話ですが、私が無理をした背景に〝最後の帰宅になるかもしれない親父を安心させたい〟があったと考えます。後で思ったのですが、日陰でできる玉ねぎの処理を最初に行い、夕方涼しくなって草刈作業をすべきだったと…。それと一定時間ごとの休憩で体に熱を溜めない作業、つまり、疲れて（体に熱が溜まって）休むのではなく、疲れない（体に熱を溜めない）ように休憩すべきでした。

(4)　「俺のプライドが…」が邪魔する〝非常停止ボタンを押す勇気〟

「只今、○○ラインにおいて、非常停止ボタンが押されました」

と、館内放送、同時にライン周辺の赤色灯が点滅を始めました。

非常停止ボタンを押したHさんのもとに飛んで来た係長は、

「どうした？」

「胸のポケットに入れていたボールペンが持っていたバインダーに引っ掛かってコンベアに

落ちたので緊急停止を掛けました」

バインダーに挟んだデータシートにディスプレイに表示される数値を転記、さらにはディスプレイにデータシートの数値を入力していたベテランのHさん。過去に大きな失敗もなく部下にも慕われ、自分の仕事にプライドを持っていました。その日はTBM（ツール・ボックス・ミーティング）で使用したボールペンを、ルールに反して胸のポケットに刺したまま作業を始めてしまったのです。いつも通り、

① キーボード脇のペンホルダーに紐で繋がれたボールペンを用いての転記作業
② 左手に持ったバインダーを見ながらテンキーで入力作業
③ バインダーを胸に抱えてのディスプレイの監視作業

を繰り返していました。ところが、何回目かに、転記作業のため胸に抱えたバインダーを見ようと胸から離した時でした。胸のポケットに入れていたボールペンのクリップにバインダーが引っ掛かり、ボールペンをコンベア上に落下させたHさん、

「ヤバイ、どうしよう」

二メートル先には出荷用の袋詰機…、コンベアに手を伸ばせば届く距離、

「拾って、後でヒヤリハット報告をしておこう…、でも客先でボールペンが発見されると大問題に…、最悪巻き込まれ災害発生に…」

そしてもう一つ考えたことに

「非常停止ボタンを押したくない！　俺のプライドに傷がつく…、俺のプライドが許さない…、恥ずかしい…」

がありました。しかし、今の状況で〝労災を出さない&品質を保つ〟には選択の余地はないと結論を出したHさん、

「今、やることは一つだ！　プライドを捨て、非常停止ボタンを押そう！」

と、非常停止ボタンを押す勇気を出したHさんは、あの赤い、大きな、キノコ型のボタンを押したのです。

Hさんから説明を受けた係長は、

「ベテランのHさんが非常停止ボタンを押すには、勇気がいったと思います」

「はい、瞬時に多くのことを考えました」

「労災防止、品質保持のためには正しかったと考えます。これが〝止めて・呼んで・待つ〟の原点です」

「はい、ただ胸のポケットにボールペンを刺して作業をしたのは失敗でした」

「次からは対面唱和でお互いのチェックをお願いします」

確かにそうなのですが…、胸にポケットがある作業服で〝胸のポケットに筆記用具を入れるな〟は無理があると考えます。

一ヶ月後、そのラインに関係する数名の作業者の作業服は、胸のポケットがない作業服に変

更されました。

働く人の命を守り、会社を守るには〝**非常停止ボタンを押す勇気**〟がいるのです。もう一点、胸にポケットがない作業服の支給のように〝**事が起こらない環境の形成**〟が必要と考えます。


そうそう、非常停止ボタンといえばこんなこともありました。

A・B・Cの三本ある製造ライン脇の制御盤には、大きなキノコ型の非常停止ボタンがありました。しかし、安全通路脇に位置するCラインの制御盤の非常停止ボタンには、アクリルのケースでカバーがしてあり、その脇には〝押すな〟の注意書き…。総務のIさんが伝票を工場事務所に届けようと、制御盤脇に差し掛かった時でした。Cライン担当者の主任が大きな声で、

「ウエスが巻き込まれた！ Iさん、非常停止ボタンを押してくれ！」

「〝押すな〟って書いてありますよ」

「いいから押せ！」

「だって、カバーがしてありますよ」

「カバーは持ち上げれば取れる」

「本当に押していいのですか？」

ロールに絡まって一緒にクルクルと回転しているウエスの前で、

「いいから早く押せ！ 頼むよ！」

非常停止ボタンを押したIさん、ロールに絡まったウエス前で呆然と立っている主任に、

「大丈夫ですか？」

「あぁ…、使ったウエスを手に持っていたらロールに巻き込まれた」

「でも、本当に押しても良かったのですか？」

落ち着きを取り戻した主任は、

「非常停止ボタンだから当然だよ」

「だけど、カバーがしてあり、〝押すな〟って書いてあるじゃないですか」

「それは、五年前、制御盤に寄り掛かって話をしていた人が、非常停止ボタンの上に手を置き、緊急停止が掛かったので、安全通路側の非常停止ボタンには〝押すな〟の表示と接触防止カバーを取り付けたのだ」

「そうなんですか…、私でもこのボタンが非常停止ボタンだとはわかりますが、押すと致命的な状況になるので、押してはダメだと理解しました」

「他職場の人には誤解を生むか…」

「一秒でも早く押したいのにカバーはダメなのでは…」

その後、制御盤の水平面にあった非常停止ボタンが、目の前の垂直面に移動され、ウエスは持って歩かなくていいように、使用箇所すべてにウエスが配置されました。

その後は、非常停止ボタンの誤操作やウエスの巻き込まれは発生していないようです。

(5) ドライブの三つの約束事（A・K・T運転禁止）

車は首都高速道路の板橋本町入口を過ぎ、車内では、

「お父さん、おばあちゃんの家には何時ごろ着くの？」

「朝早いので都内の渋滞は考えなくていいから、順調なら夕食までには着くと思うよ」

川口市の自宅を午前四時半にマイカーで出発したドライブの好きなJさん家族、子供さんも大きくなり、最近ではどこに行くのも車。お正月とお盆の広島への帰省にマイカーを使い始めて三年目になります。往路が中央道なら復路は東名、今回は逆で首都高・東名・名神・中国道経由で一般道を合わせると千キロ弱のドライブ、九十分毎の休憩と奥さんとの運転交代を繰り返しながら、十四時間～十四時間半のドライブが始まりました。


順調に都内を抜け、最初の目的地は神奈川県の海老名サービスエリア、予定は午前七時半着でしたが、子供さんが、

「お父さん、トイレ」

「家、出る時済ませたでしょ」


そんなことを言ってみても、何の解決にもなりません。その時目に飛び込んできたのが、一つ手前の〝港北パーキングエリアまで二キロメートル〟の看板。正直、この二キロメートルは焦ったそうです。トイレ前に車を横付けし、トイレに一直線の猛ダッシュ、トイレを済ませた子供さんにJさんは、

「早く乗って、次のサービスエリアまで行って朝ごはんを食べよう」

「うん」

車に飛び乗った子供さんを乗せたJさん、海老名サービスエリアを目指して本線に戻りましたが、追い越し車線を百キロオーバーでの走行、そんなJさんの運転を見て奥さんは、

「焦らないで、事故するよ！」

「わかった」

運転しながらJさんは、

「俺は何を焦っているのだ？　七時半に到着したいから？　別に到着時間が遅れても何の問題もないじゃないか」

約束事①　焦り運転禁止

三十一ページに示した通りで、焦りは安全行動を阻害する大きな因子の一つです。子供のトイレは焦りが発生する原因の一つで、休憩毎にトイレに連れて行ったそうです。また、〝次の目的地まであと少しだ〟と思うと〝あと少しの恐怖〟が発生するので、時刻で運転時間を管理しています。例えば、目的地に十二時頃到着予定だとすると〝十二時までは運転する〟といった具合です。その時大切なことは早着禁止を順守することです。

朝食を済ませ、トイレを済ませ、運転を交代して富士川サービスエリアに向けて出発しまし

た。渋滞もなく順調なドライブでしたが、大井松田インターチェンジを過ぎた辺りで退屈し始めた二人の子供さん、出発前日に購入したおもちゃの包みを取り出した助手席のJさんが、

「何が入っているでしょうか？」

と子供さんに見せたところ、上のお子さんが、

「私が開ける！」

下のお子さんが、

「いやぁ～、私が開ける！」

と、大喧嘩、ハンドルを持っている奥さんが、

「ねえ、静かにさせてっ！」

「無理だよ、二つ買えばよかったのに」

「今、そんなこと言っても仕方ないでしょ！」

「お前ら静かにしろ！　母さん事故するぞ！」

「じゃ、父さん運転すれば…、母さん下手くそだから…」

「お前なぁ～、母さん可哀そうだろ…」

「いいも～ん」

「足柄サービスエリアに寄ろう」

「そうね」

約束事②　三喧嘩（夫婦喧嘩・親子喧嘩・兄弟喧嘩）運転禁止

理由はドライバーの注意力が喧嘩に注がれることで、安全運転ができなくなるからです。夫婦喧嘩と親子喧嘩はコントロールできるのですが、子供の兄弟喧嘩はいつ始まるかわかりません。当時は携帯用のゲーム機はなく、おもちゃ、絵本、シリトリ、前後を走る車のナンバープレートの四つの数字の足し算ゲームなど創意工夫をしていました。それでも三喧嘩になるとパーキングエリアやサービスエリアで、休憩を取ります。〝兄弟喧嘩すると運転手さんは事故するよ〟はいつも言っていたようです。

こうして、順調なドライブは続いていました。ハンドルを持っているJさん以外は午後のお昼寝タイム、起こすのは可愛そうなので、起きてから休憩をとることにしました。心地いいナチュラルの千五百ｃｃエンジンサウンドを聞きながらJさんは、

「それにしても高速道路は同じ景色で退屈だ…、同じペースで走る車の後ろにつけるといいのだが…、車間距離は時間にして二秒から三秒、これならいいか…、一定速度で走るのが燃料節約で…」

などと考えていると、なだらかな上り坂。追越車線のトラックが左方向指示器、軽いブレーキで車間距離を開けると前に入ってきました。次第にスピードが落ちる走行車線でJさんは、

「シフトダウンする前にトラックの前に出よう」

<A・K・T 運転禁止>

とハンドルを持ったまま、立てた右手の親指で右サイドミラーを指差し、

「追越車線、走行車両なし、ヨシ！」

右方向指示器を出し追越車線に出た瞬間、パッシングとクラクションの嵐。直ちに挙げた左手を左右に軽く振り、リアウインドウ越しに後続車両に詫びをし、トラックの前に入りました。後続車両のドライバーはというと、走行車線に戻ったJさんの横を通過する際、軽く左手を挙げ追い越していきました。Jさんは、

「良かった、事故にならなくて…、でもサイドミラーを見た時、走行車両はいなかったような…」

「どうしたの？　今のクラクション」

と、目を覚ました奥さん、

「トラックを追い越そうとしたら、後ろから接近してきた車に怒られた…」

約束事③　疲れ運転禁止
　寝ている家族に気を使い、運転交代時間を過ぎてもハンドルを持つことで、疲れ運転を行っていました。疲れた状態でハンドルを持ったために、安全運転に必要な情報である、ミラーに映っていた車を見落としたのです。それ以後、疲れたら休むのではなく疲れないように休憩をとり、疲れないように運転交代を行っているのです。

「追突されなくてよかったね」

「そうだね、クラクションを鳴らした運転手さんのブレーキに助けられたよ」

「あっ、次は草津のパーキングエリアよ、寄ろう、給油もしておこうよ」

「うん」

「運転交代するね」

　休憩、給油、運転交代も終わり、広島県の三次インターチェンジを目指し出発しました。助手席でJさんは、

「〝A（焦り）・K（喧嘩）・T（疲れ）運転禁止〟は大切だよ」

「そうね、ところで燃費は？」

「ガソリン一リットルで十五キロの走行は立派だ」

などと雑談していると、次の目的地の加西サービスエリアに到着しました。

(6) カチンときたら「十五分待って冷静に」

トイレ休憩を済ませ、再度ハンドルを持ったJさんは、

「中国道はアップダウンが激しいからガソリン一リットルで十五キロは無理かな?」

早速、登坂車線がある上り坂にかかり、追越車線からまたしても大型トラックが前に入ってきました。しかも強引に…、

「ここで、シフトダウンすると燃費が悪化する、邪魔だ!」

〝カチンときた〟Jさんは戦闘モード、右サイドミラーを見ると追越車線に接近車両は確認できたのですが、

「まだ大丈夫だ!」

右方向指示器で追越車線へと、またしても、クラクションとパッシングの嵐です。アクセルを床が抜けるほど踏み込み、追い越しは完了させたのですが、奥さんから、

「何をやってんのよ、ばか! 家族を殺す気!」

「燃費を悪化させまいとして…」

「そんなフル加速させると最悪の燃費よ」

「わかっているよ」

「クラクションを鳴らされない運転をしないとだめよ」

「……」

「次で休憩しよう」

「わかった」

パーキングエリアに入ったJさんは、子供さんを奥さんに任せてトイレに行き、水で手を洗い、自動販売機で水を買って飲んでいると

「燃費を稼ぎたいのはわかるが、変化する環境での燃費じゃないか、偽装燃費を追及して事故したら何にもならないだろ」

とか

「あの運転手さんは、登坂車線でスピードが落ち、追従車両に迷惑かけまいとして、走行車線に戻りたかったのだろうから、入れてあげればいいじゃないか。いいことをしようとしている人にカチンとくることはないだろ」

とか

「お前は家族の命を預かっていることを忘れている。燃費と命とどちらが大切かを考えろ」

と、理屈で考えられるようになったそうです。

人によって異なるのでしょうが、Jさんは水で手を洗い一口水を飲んで十五分間の休憩がいい薬になるようです。そして、無事に最終目的地に到着しました。

カチンときたときは、戦闘モードで攻撃的感情に支配された行動になり、いわゆる無理を承知でとった行動で失敗をすると考えます。読者の皆様はいかがでしょうか？

そういえばこんなこともありました。

机の電話が鳴ったのは帰り支度を始めた午後五時十分、Kさんは、

「五時過ぎてかかってくる電話は要注意だ」

暫く待ったのですが電話は鳴り続け、仕方なく受話器を取ったKさん、

「お電話ありがとうございます。営業課のKです」

「もしもし、Kさん？」

課長の声、

「今、お客様の所だけど、注文間違いされたようで、明日の朝一番で納品できるように、今日のうちに準備をしてくれ」

「えっ、私、今日は定時なのですが…」

「一時間あれば準備できるから、お得意さんでもあるし、頼むよ」

「……」

「あと三十分したら帰社するし、注文数はメールするから」

と、一方的に電話が切れてしまいました。

カチンときたKさん、

「何で、今日なんだ。俺は中学校の時の同級生と飲みに行くのに…」

取り返しのつかない連鎖が始まったのは、手に持っていたカバンを机の上に勢いよく放り投げたところからでした。投げたカバンは一～二回転して机の上にドスン。机の上には陶器製の鉛筆立てが一つ。投げたカバンは狙ったかのように鉛筆立てにヒットしたのです。床に落ちた

鉛筆立ては真っ二つ…、

「あちゃー、何でだよ」

洗面所から箒と塵取りを持ってくると、残業していた隣の課の親友がやってきて、

「どうしたの？」

「カバンを置いたら鉛筆立てに当たって、落ちて割れちゃった」

「俺手伝うよ、片付け」

「ありがとう」

カリカリしているKさん、

「課長が電話をしてくるからこのようなことになるんだ」

待ち合わせ時間三十分前、

「このままでは絶対に間に合わない、軍手がないけどガラスじゃないから手を切ることはない…」

と、Kさんの独り言。

「Kさん軍手は？」

「カリカリしていたから忘れた」

「軍手取ってこようか？」

「ガラスじゃないから大丈夫だよ」

そう言って素手で破片を掴んだ時でした。起こると考えられることは何時か起こるのです。

「痛い！」

「だから言っただろ」

そこへ課長が帰社、

「ただいま帰りま…し…た…、二人ともどうしたの？」

「指を切って…、指先なので出血が激しく…」

と、事の経緯を説明すると、課長からは思わぬ一言が、

「労災か…、通り向こうの産業医の○○病院に行ってこい。まだやっているはずだ」

「えっ、病院？ 私、これから約束があるので…無理です」

「ダメだ、行ってこい」

「明日のこと出来ていないので…」

「それは俺がやるから、お前は病院だ」


それ以後、〝**カチンときたら、「十五分待って冷静に」**〟を実行しているKさんです。

(7) 嬉しかったので

十月一日、新しい期がスタートした、労働衛生週間初日の全体朝礼で、社長さんが、

「表彰状、〇〇職場、L殿、あなたの改善提案は、無災害の継続と品質クレームもゼロで……、他職場の見本となり……、ここに表彰いたします」

朝礼後のTBMで積極的に声を出し、TBM終了後、自職場に向かうLさんの歩幅が大きく、歩く速度もいつもより速いのを係長は見逃しませんでした。係長は、

「おっ、張り切っているな」

と思いながらも、

「大丈夫かな、でもベテランだしな…」

十時の休憩時間に部下五人を連れて自動販売機前でLさんが、

「おい、おごってやるから好きなのを買え」

「ありがとうございます」

「Lさん、今日は張り切っていますね、見ればわかりますよ」

「そりゃあ、そうだよ、社長表彰だよ、社長表彰！」

こんな会話を聞いた係長は、一年前の春休みを思い出していました。

係長宅玄関で、

「今日仕事が予定通り片付けば、定時で帰れるから…、それと、明日は休めそうだから」

「あら、そう、子供たち喜ぶね」

「でも、まだわからないので帰ってから話すよ」

「そうね」

…

そして、午後六時、

「ただいま。帰ったよ♪」

「おかえり♪」

二人のお子さんが大きな声で出迎えました。ここのところ多忙で、春休みなのですがどこにも連れて行ってやれないことが気になっていた係長、奥さんに
「明日、休みが取れたよ。子供達、遊園地に連れて行ってやろうか」

「それは子供達大喜びするよ」

「よっし、決めた、そうしよう」

「食事のとき、話したら…」

「うん」

いつもより早く帰宅した係長は、久し振りに二人の子供さんとお風呂に入りました。そして、いつも通りの〝ワイワイ、ガヤガヤ〟と食事が始まりました。暫くして、

「ねぇ、お二人さん」

「な〜に」

「お父さんから重大発表があります」

一瞬、シーンとなりました。

「実は明日、休みが取れました」

「遊んでくれる？」

「もっといいことだよ」

「えっ」

「明日、皆で遊園地に行きま～す」

「やった～ぁ♪」

いつも通り他愛もない話で進んでいた食事風景が一変したのです。下のお子さんがいきなり立ち上がって、

「わーい、嬉しいな…、お兄ちゃん何に乗る？　僕ね、ジェットコースターに乗ったらこうやって…」

「危ないから座って！」

「うん」

今度は、座っていたお兄ちゃんが、

「ジェットコースターに乗ったら体がね…」

と、大きく振った手が電気ポットに〝ガツン〟、

「危ない！」

係長は手を出したのですが、ポットは音をたてて転倒、幸いにもこぼれたお湯の量は少しだっ

たのですが、お代わりしたばかりのスープ皿にヒットしました。熱いスープはテーブルの上を流れ、係長の膝の上にポタッ、ポタッ、

「熱い！」

直ちにパジャマのズボンを脱ぎ、痛みが取れるまで氷水で冷やしたのですが、内腿は五百円玉ほどの大きさで真っ赤に…。足を冷やしながら係長は、

「そういえば、〝**嬉しいときも、カチンときたとき同様に、戦闘モードで攻撃的感情に支配された冷静さを欠いた行動になる**〟ことがあると、聞いたことがあるぞ…」

こんなことを思い出した係長は、昼休み五分前の十一時五十五分、

「Lさん、今日の昼食、ご一緒してもいいですか？」

「はい、大丈夫ですよ」

二人は一緒に食堂に行き、

「社長表彰、おめでとうございます」

「係長の推薦のおかげで…、ありがとうございます」

「改善提案に至った経緯をもう一度教えてもらってもいいですか？」

「それは、あの労災が……、そしてお客様からのクレームが……、その原因は同じで…」

「でも、よく気付きましたね、さすがですね」

「ありがとうございます」

そして係長は、

「今後、私達が最も気を付けなければならない点を教えて下さい」

少し間を置いてLさんは、

「良い物を、安く、早く、お客様に提供して喜んでいただくためには、絶対条件である労働災害ゼロの継続が必要です」

「それはそうですよね、愚問でした」

「いいえ」

「これからも、落ち着いた行動をするための手段として、今まで通り〝百パーセントの指差し呼称の実施〟を後輩に見せてやってください」

「任せて下さい、でも今日は〝**嬉しかったので**〟少しはしゃぎ過ぎましたね、申し訳ありません」

「大丈夫ですよ」

「ありがとうございます」

「では、よろしくお願いします」

こうして、いつも通りの落ち着いたLさんに戻り、労災ゼロとクレームゼロの継続が改めてスタートしました。

(8) ゴーグルを着用していれば…

ピーポー、ピーポー、救急車の中でこの音を聞くことになるとは、Mさんは考えたことなどありませんでした。

午前六時、朝食を済ませたMさんは、

「今日も暑くなりそうだ…、涼しいうちにあぜ道の草を刈って来るよ」

「気を付けてよ」

「わかった、この時期の草は大きくなるのが早いよ」

「これが野菜ならいいのにね」(笑)

他愛もない会話で、いつも通りの一日がスタートしました。作業が終わったのは二時間後の午前八時、

「暑くなる前に終わって良かった〜ぁ」

あぜ道で取り外した耳栓・手袋・ゴーグル・すね当てなどの保護具を手に持ち、刈払機を肩に掛け、農作業小屋に向かって歩いていると、三日前の日曜日、遊びに来ていた三人のお孫さんが〝おままごと〟をしていた庭の伸びた芝が目に入りました。

「刈払機なら五分もあれば終わるかな? いや、絶対に終わる」

よせばいいのに、芝刈機ではなく刈払機で芝刈りをしようと、手に持っていた保護具の着用を始めました。ゴーグルを除いては…。近視用のメガネを愛用しているMさんは、

「ゴーグルは汚れたので、しなくてもメガネをしているから大丈夫だ。庭の芝だし…、すぐ

に終わるし…」

ゴーグルを庭石の上に置き、作業を開始しました。

刈払機、チェーンソー、トラクター、耕運機、コンバイン、田植え機などのエンジン音は、オペレーターの安否確認の重要ツールだと奥さんは言っていました。エンジン音の変化、エンジン音が聞こえなくなった、エンジン音が聞こえるようになったなどすると、奥さんは必ずMさんの姿を目で探し、安否を確認しています。それともう一つ気に掛けていることがあります。それは、Mさんがいつも言っている、

「俺、笛を持っているので、緊急時は吹くから助けに来てくれ」

「わかったけど、吹くのは緊急時だけにしてよ」

「うん」

「いつも吹くと、〝また吹いている〟と思って無視されるよ（笑）」

「俺、狼少年じゃないから（笑）」

幸いにも今までは吹いたことはありません。

まさかこの笛を吹くことになろうとは……。作業開始直後でした。

「痛い！」

直ちに刈払機のエンジンを止め、手袋を外し、メガネを外し、しびれた右目に手をやると出血していました。洗濯していた奥さんは、庭で聞こえたエンジン音が数十秒で聞こえなくな

り、

「おや？」

次に聞こえたのが、

「ピイーッ、ピイーッ」

と、笛の音。庭に出てみると、外したメガネを左手に持ち、右手で右目を押さえてうずくまっているMさんを発見、

「どうしたの？」

「あれが目に当たったようだ」

指差した先には、〃おままごと〃に使うプラスチックのお茶碗の割れた破片が一つ、しかも緑色の……。作業前には庭に何もないことを確かめたのですが、緑色のオモチャは見落としたようです。

「血が出ているよ、見える？」

「ぼやけているが見える、でも痛い、救急車を呼んでくれ」

病院で、

「目に当たらなくてよかったですね、あと一センチずれていたら失明したかもしれません」

「メガネは掛けていたのですが…」

「でも、ケガをしたのですから、そのメガネは目の保護にはならなかったですね」

「そうですね」

幸いにも右目じりを切っただけの軽症で、血液が目に入ってぼやけて見えたそうです。

治療を終え帰宅したMさんは庭に出て、ナイロンコードカッターが装着された刈払機を背負い、「刈払機のUハンドルを右から左に振ったときだったから…」

と、色々と考えてみたところ、カッターに当たったオモチャは、メガネの右レンズ下から目じりに当たったようです。Mさんは、

「〝ゴーグルを着用していれば〟こんなことにならなかった…」

保護具は身を守る重要ツールで、〝命を守る最後の砦〟なのです。ちなみに不安全行動による失敗を防ぐための〝命を守る最後の砦〟は、前著「心にひびく安全心得　失敗から学ぶ安全」（中災防発行）にある〝自問自答カード　一人KYT〟と思っています。

エピローグ　まとめ　日々の経験は安全確保の宝物

最後までお付き合いをいただき、ありがとうございました。色々とお話しさせていただきましたが、最後に少しまとめをさせてください。

発生した労働災害は再発防止対策が行われますが、ヒヤリハットも報告だけに終わらせることなく再発防止対策が必要です。また、想定ヒヤリハット、危険予知（ＫＹ）、リスクアセスメント、災害事例等々で行う予防活動が労働災害の減少に繋がると考えます。ただし、ルール（関係法令・社内規則・経験則など）は我々の先輩が命を懸けて作った約束事であることから、ルール違反があれば是正が最優先されます。

我々はこのような活動で労災ゼロを目指しているのですが、人間は一度に一つのことしかできません。仕事を行う上で、作業指示、情報交換などのコミュニケーションは絶対条件であることから、いわゆる〝ながら族〟でのコミュニケーションを避けるため、特に

① お互いが目線を合わすだけでなく向き合ってください

② 提供する情報の数と内容の明示をお願いします

③ 復唱させてください、してください

の三点をお願いします。

でも、人間は失敗する動物です。失敗は、その時の感情に影響を受けることがあるとも言われています。「どうしよう」と思ったときに〝**焦りの恐怖**〟にならないよう教育・訓練・練習

を積んでおくことが有効と考えます。「やっと終わった」と思ったときは、〃**付帯作業の恐怖**〃が待っているので付帯作業の手順の順守も必要です。「あそこまでやったら」と思ったときは〃**あと少しの恐怖**〃が待っているので、疲れないよう休憩をとることが大切です。誰もが自分の仕事にはプライドや誇りを持っていますが、機械を止めるのは、「俺のプライドが…許さない…」と思っても〃**非常停止ボタンを押す勇気**〃でラインを停止させる選択肢も必要です。車を運転するときは道路交通法など多くの約束事に守られているのですが、もう一点「ドライブ中の三つの約束」を安全運転継続の手段として、〃**A・K・T運転禁止**〃のための適宜とる休憩も必要と考えます。「カチンとくること」での失敗を避ける手法は色々あると思いますが、〃**十五分待って冷静に**〃も手法の一つと考えます。「嬉しいとき」も同様に冷静になる時間が必要な場合もあります。「ゴーグルを着用していれば…」このケガはなかったと考えられるように、保護具は〃**命を守る最後の砦**〃です。着用が求められている場合及び着用した方がいいと考えられる場合は、着用をお願いいたします。

日々の生活で安全確保の材料を収集し、そこで学んだことを日々の仕事に活用したいと考えます。

「日々の経験は安全確保の宝物！」

本日は長時間ありがとうございました。「ご安全に！」

■著者略歴■
山岡 和寿（やまおか・かずとし）
中央労働災害防止協会 安全衛生エキスパート
1954（昭和29）年生まれ。
1976（昭和51）年近畿大学工学部工業化学科卒業。同年中央労働災害防止協会に就職後、作業環境測定士、管理士として安全衛生に携わり、主任技術員、中国四国安全衛生サービスセンター四国支所長、同センター副所長、同所長を務め、2020（令和２）年３月に退職。現在に至る。

心にひびく安全心得
失敗から学ぶ安全 2 なぜ失敗するのか？

令和４年１月27日　第１版第１刷発行
著　者　山岡　和寿
発行者　平山　剛
発行所　中央労働災害防止協会
東京都港区芝浦 3-17-12　吾妻ビル９階
〒１０８－００２３
電話　販売　０３（３４５２）６４０１
　　　編集　０３（３４５２）６２０９

印刷・製本　㈱丸井工文社
表紙デザイン　デザインコンドウ
イラスト　平松ひろし

乱丁・落丁本はお取り替えいたします。　©YAMAOKA Kazutoshi 2022
ISBN978-4-8059-2033-6　C3060
中災防ホームページ　https://www.jisha.or.jp

本書の内容は著作権法によって保護されています。
本書の全部または一部を複写（コピー）、複製、転載すること（電子媒体への加工を含む）を禁じます。